15. fevrier 1758.

# RÉGLEMENT

## *Concernant le ſervice de la Garde-côte en la province de Normandie.*

Du 15 Février 1758.

## *DE PAR LE ROI.*

SA MAJESTÉ ayant jugé à propos par ſon ordonnance du 5 juin 1757, d'établir une nouvelle forme dans le ſervice des Milices Garde-côtes de ſes provinces de Picardie, Normandie, Poitou, Aunis, Saintonge & Guienne. Et voulant fixer la diviſion des capitaineries Garde-côtes de Normandie, le nombre & la force des compagnies détachées dont elles ſeront compoſées, les lieux d'aſſemblée, tant pour les revûes particulières de chacune deſdites compagnies, que pour les revûes générales, & la manière de faire les remplacemens annuels pour compléter leſdites compagnies détachées, Elle a arrêté le préſent règlement qu'Elle veut être exactement obſervé à l'avenir.

ARTICLE PREMIER.

LES capitaineries Garde-côtes de la province de Normandie, ſeront diviſées en trois Départemens généraux ſous les dénominations de haute, moyenne & baſſe Normandie.

A

## II.

PENDANT la guerre, chaque capitainerie ſera compoſée de plus ou de moins de compagnies détachées de quatre-vingts hommes chacune, ſuivant la répartition qui en a été faite: elles ſeront commandées chacune par un Capitaine & deux Lieutenans, & porteront le nom du village où doit ſe faire leur aſſemblée particulière: Et comme l'intention de Sa Majeſté eſt de ſoulager ſes peuples, dès que les circonſtances pourront le permettre, leſdites compagnies détachées ſeront & demeureront réduites, pendant la paix, à cinquante hommes.

## III.

### *Département & inſpection de la haute Normandie.*

LE Département de la haute Normandie ſera compoſé des capitaineries, compriſes depuis la frontière de Picardie juſqu'à la rivière de Seine, & diviſé en onze capitaineries & en ſoixante compagnies détachées, ſuivant l'état ci-après:

SAVOIR,

| *Capitaineries.* | *Compagnies.* |
|---|---|
| FLOQUES | 5. |
| BERNEVAL | 5. |
| DIEPPE | 5. |
| QUIBERVILLE | 5. |
| SAINT-VALLERY | 8. |
| PALUEL | 5. |
| SAINT-PIERRE-EN-PORT | 5. |
| FESCAMP | 7. |
| ESTRETAT | 5. |
| LE HAVRE | 5. |
| LA SEINE | 5. |
| 11 Capitaineries. | 60 Compagnies. |

15. Février 1758.

230.



| LIEUX ET PAROISSES Garde-côtes. | NOMBRE d'hommes de chaque Compagnie détachée. | NOMS desdites COMPAGNIES. | LIEUX d'assemblée desdites COMPAGNIES. |
|---|---|---|---|
| *Capitainerie de* FLOQUES. | | | |
| Criel. | 80 | Criel | CRIEL. |
| Tocqueville. | | | |
| Doufreville. | | | |
| Saint-Martin-Gaillard. | | | |
| Borosmesnil. | 80 | Borosmesnil | BOROSMESNIL. |
| Cuverville. | | | |
| Semeules. | | | |
| Mouchi. | | | |
| Menil-Reaume. | 80 | Menil-Reaume | MENIL-REAUME. |
| Villi. | | | |
| Melibos. | | | |
| Guerville. | | | |
| Melleville. | | | |
| Fresne. | 80 | Saint-Remy | SAINT-REMY. |
| Saint-Sulpice. | | | |
| Auberville. | | | |
| Saint-Remy-en-Campagne. | | | |
| Barauscourt. | | | |
| Saint-Martin-au-Bosc. | | | |
| Henseville. | | | |
| Gousseauville. | | | |
| Étalonde. | 80 | Étalonde | ÉTALONDE. |
| Tréport. | | | |
| Floques. | | | |
| Harancourt. | | | |
| Pont-marais. | | | |
| Saint-Pierre-en-Val. | | | |

*La Capitainerie de* FLOQUES *s'assemblera à* SAINT-REMY-EN-CAMPAGNE.

| LIEUX ET PAROISSES Garde-côtes. | NOMBRE d'hommes de chaque Compagnie détachée. | NOMS desdites COMPAGNIES. | LIEUX d'assemblée desdites COMPAGNIES. |
|---|---|---|---|

## *Capitainerie de BERNEVAL.*

| LIEUX ET PAROISSES Garde-côtes. | NOMBRE | NOMS | LIEUX |
|---|---|---|---|
| Bellangreval. ...........<br>Saint-Nicolas d'Aliermont. . .<br>Saint-Sulpice. .........<br>Inerville. .............<br>Hibouville. .......... | 80..... | Bellangreval .... | BELLANGREVAL. |
| Derchigni. ............<br>Glicourt. .............<br>Graincourt. ...........<br>Aucourt. .............<br>Sauchay-le-bas. .........<br>Sauchay-le-haut. ........ | 80..... | Graincourt ..... | GRAINCOURT. |
| Penly. ...............<br>Saint-Martin-en-campagne. .<br>Berneval. .............<br>Tourville. ............<br>Brunvillle. ............<br>Belleville. ............ | 80..... | Saint-Martin ... | SAINT-MARTIN. |
| Saint-Quentin. .........<br>Canchan. ............, . .<br>Ocquemenil. ..........<br>Gouchaupre. ..........<br>Intraville. ............ | 80..... | Ocquemenil .... | OCQUEMENIL. |
| Assigny. .............<br>Biville. ..............<br>Guillemecourt. ........<br>Greny. ............... | 80..... | Assigny ...... | ASSIGNY. |

*La Capitainerie de BERNEVAL s'assemblera à SAINT-MARTIN-EN-CAMPAGNE.*

15. fevrier 1758.





| LIEUX ET PAROISSES Garde-côtes. | NOMBRE d'hommes de chaque Compagnie détachée. | NOMS desdites COMPAGNIES. | LIEUX d'assemblée desdites COMPAGNIES. |
|---|---|---|---|
| *Capitainerie de* DIEPPE. | | | |
| Appeville. Saint-Aubin-sur-Scie. Faubourg-la-Barre. Hautot & hameau de Varengeone. Pourville. Saint-Denys le Roux-Mesnil. | 80 | Appeville | APPEVILLE. |
| Colmesnil. Aupegard. Hermanville. Le Thil. Aubrumenil. | 80 | Colmesnil | COLMESNIL. |
| Auffranville. | 80 | Auffranville | AUFFRANVILLE. |
| Saugueville. Tourville. Marcouville. Auneville. La Chaussée. Boisrobert. Aubermenil. | 80 | Saugueville | SAUGUEVILLE. |
| Martin-Église. Neuville. Étran. Bracquemont. Greges. Bouteille. Martigny. Beaumets. | 80 | Martin-Église | MARTIN-ÉGLISE. |

*La Capitainerie de* DIEPPE *s'assemblera aux* VERTUS.

| LIEUX ET PAROISSES Garde-côtes. | NOMBRE d'hommes de chaque Compagnie détachée. | NOMS desdites COMPAGNIES. | LIEUX d'assemblée desdites COMPAGNIES. |
|---|---|---|---|

## *Capitainerie de* QUIBERVILLE.

| LIEUX ET PAROISSES Garde-côtes. | NOMBRE d'hommes de chaque Compagnie détachée. | NOMS desdites COMPAGNIES. | LIEUX d'assemblée desdites COMPAGNIES. |
|---|---|---|---|
| Bourg-d'Un.<br>Saint-Aubin.<br>Saint-Denys-du-Val.<br>Quiberville.<br>Saint-Pierre-le-vieux. | 80 | Bourg-d'Un | BOURG-D'UN. |
| Fontaine.<br>Saint-Pierre-le-Viger.<br>Craville.<br>Autigny. | 80 | Fontaine | FONTAINE. |
| Avremenil.<br>Ribœuf.<br>Saint-Denys-d'Acton.<br>Ouville.<br>Sainte-Marguerite. | 80 | Avremenil | AVREMENIL. |
| Luneray.<br>Gruachet.<br>Canteleu.<br>Brachy.<br>Gourel.<br>Gœuvre. | 80 | Luneray | LUNERAY. |
| Varangeville.<br>Blumenil.<br>Longueuil. | 80 | Varangeville | VARANGEVILLE. |

*La Capitainerie de* QUIBERVILLE *s'assemblera entre* OUVILLE *&* SAINT-DENYS-DU-VAL.

15. février 1758.





| LIEUX ET PAROISSES Garde-côtes. | NOMBRE d'hommes de chaque Compagnie détachée. | NOMS desdites COMPAGNIES. | LIEUX d'assemblée desdites COMPAGNIES. |
|---|---|---|---|

## *Capitainerie de SAINT-VALLERY.*

| LIEUX ET PAROISSES Garde-côtes. | NOMBRE d'hommes de chaque Compagnie détachée. | NOMS desdites COMPAGNIES. | LIEUX d'assemblée desdites COMPAGNIES. |
|---|---|---|---|
| Neville.<br>Ingouville. | 80 | Neville | NEVILLE. |
| Ocqueville.<br>Sasseville.<br>Craville-la-Malet. | 80 | Ocqueville | OCQUEVILLE. |
| Sainte-Colombe.<br>Drossey.<br>Anglecqueville.<br>Arnouville. | 80 | Sainte-Colombe. | SAINTE-COLOMBE. |
| Saint-Vallery. | 80 | Saint-Vallery | SAINT-VALLERY. |
| Manneville & Plaines.<br>Geutteville.<br>Augiens. | 80 | Manneville | MANNEVILLE. |
| Menil-Gefroy.<br>Plainseve.<br>Menil-Durdant.<br>Cailleville.<br>Bourville.<br>Tonneville.<br>Houdetot. | 80 | Menil-Gefroy | MENIL-GEFROY. |
| Jelon.<br>Blosseville.<br>Saint-Pierre-le-petit.<br>La Gaillarde. | 80 | Jelon | JELON. |
| Chapelle-sur-d'Un.<br>Les deux Veules.<br>Sotteville.<br>Épineville. | 80 | Chapelle-sur-d'Un | CHAPELLE-SUR-D'UN. |

*La Capitainerie de SAINT-VALLERY s'assemblera à MANNEVILLE & PLAINES.*

| LIEUX ET PAROISSES Garde-côtes. | NOMBRE d'hommes de chaque Compagnie détachée. | NOMS desdites COMPAGNIES. | LIEUX d'assemblée desdites COMPAGNIES. |
|---|---|---|---|

## *Capitainerie de* PALUEL.

| | | | |
|---|---|---|---|
| Saint-Martin-aux-Buneaux.<br>Butot...............<br>Vivemerville..........<br>Venesville........... | 80..... | Saint-Martin.... | SAINT-MARTIN. |
| Ouinville............<br>Claville.............<br>Barville.............<br>Canouville........... | 80..... | Ouinville...... | OUINVILLE. |
| Cany...............<br>Maubbeville..........<br>Bertauville.......... | 80..... | Cany......... | CANY. |
| Villefleur............<br>Auberville...........<br>Malleville............<br>Crosville............ | 80..... | Malleville...... | MALLEVILLE. |
| Paluel..............<br>Saint-Silvain.........<br>Saint-Urquier.........<br>Veulettes............ | 80..... | Paluel......... | PALUEL. |

*La Capitainerie de* PALUEL *s'assemblera à* AUBERVILLE-LE-MANUEL.

*Capitainerie*

| LIEUX ET PAROISSES Garde-côtes. | NOMBRE d'hommes de chaque Compagnie détachée. | NOMS desdites COMPAGNIES. | LIEUX d'assemblée desdites COMPAGNIES. |
|---|---|---|---|
| *Capitaiuerie de SAINT-PIERRE-EN-PORT.* | | | |
| Sainte-Hélène. Seuneville. Elletot. Troudeville. | 80 | Sainte-Hélène | SAINTE-HÉLÈNE. |
| Ancreteville. Saint-Pierre-en-port. Saffetot-le-Mauconduit. Ecretteville. | 80 | Ancreteville | ANCRETEVILLE. |
| Thieuville-le-Maillot. Bermeville. Criquetot-le-Mauconduit. Troudeville. Valemont. Saint-Ouen-au-bosc. | 80 | Thieuville | THIEUVILLE. |
| Gerpouville. Ourville. Riville. Tietreville. | 80 | Gerpouville | GERPOUVILLE. |
| Angerville-le-Martel. Colleville. Val-de-Criee. Beccauchois. Thiergeville. | 80 | Angerville | ANGERVILLE. |

*La Capitainerie de SAINT-PIERRE-EN-PORT s'assemblera entre ANCRETTEVILLE & ANGERVILLE-LE-MARTEL.*

| LIEUX ET PAROISSES Garde-côtes. | NOMBRE d'hommes de chaque Compagnie détachée. | NOMS desdites COMPAGNIES. | LIEUX d'assemblée desdites COMPAGNIES. |
|---|---|---|---|
| *Capitainerie de* FESCAMP. | | | |
| Yport & Criquebeuf.....<br>Vattetot..............<br>Gerville.............. | 80..... | Criquebeuf.... | CRIQUEBEUF. |
| Villemenil............<br>Ymauville.............<br>Annouville............<br>Serville..............<br>Benarville............<br>Dauboeuf..............<br>Limpiville............ | 80..... | Villemenil..... | VILLEMENIL. |
| Maniquerville..........<br>Fraberville............<br>Epreville..............<br>Sanseuzemare.......... | 80..... | Maniquerville... | MANIQUERVILLE. |
| Contremoulins..........<br>Memoulins.............<br>Baigneville............<br>Bec-de-Mortagne......<br>Manteville............ | 80..... | Igneauville..... | IGNEAUVILLE. |
| Godarville............<br>Bretteville............ | 80..... | Godarville..... | GODARVILLE. |
| Écrainville............<br>Auberville............<br>Crétot.................<br>Fougeusemare.......... | 80..... | Écrainville..... | ÉCRAINVILLE. |
| Ganseville............<br>Saint-Léonard.........<br>Toussaint.............<br>Tourville............. | 80..... | Ganseville...... | GANSEVILLE. |

*La Capitainerie de* FESCAMP *s'assemblera à* ÉPERVILLE, *sur le grand chemin venant du* HAVRE *à* SAINT-LÉONARD.

| LIEUX ET PAROISSES Garde-côtes. | NOMBRE d'hommes de chaque Compagnie détachée. | NOMS desdites COMPAGNIES. | LIEUX d'assemblée desdites COMPAGNIES. |
|---|---|---|---|

*Capitainerie d'ÉTRETAT.*

| LIEUX ET PAROISSES Garde-côtes. | NOMBRE d'hommes de chaque Compagnie détachée. | NOMS desdites COMPAGNIES. | LIEUX d'assemblée desdites COMPAGNIES. |
|---|---|---|---|
| Saint-Jouin. La Poterie. Berneval. Henqueville. Buglise. | 80 | Saint-Jouin | SAINT-JOUIN. |
| Turetot. Gonneville. Écultot. Écuquetot. Hérineville. Le Courdray. Vergetot. Émalville. | 80 | Turetot | TURETOT. |
| Criquetot. Cuverville. Vilainville. Tennemare. Englegueville. | 80 | Criquetot | CRIQUETOT. |
| Étretat. Saint-Clair. Bordeaux. Le Tilleul. Pierrefique. Sainte-Marie. Beaurepaire. | 80 | Étretat | ÉTRETAT. |
| Benouville. Les Loges. | 80 | Benouville | BENOUVILLE. |

*La Capitainerie d'ÉTRETAT s'assemblera entre GONNEVILLE & BEAUREPAIRE.*

| LIEUX ET PAROISSES Garde-côtes. | NOMBRE d'hommes de chaque Compagnie détachée. | NOMS desdites COMPAGNIES. | LIEUX d'assemblée desdites COMPAGNIES. |
|---|---|---|---|

## *Capitainerie du HAVRE.*

| LIEUX ET PAROISSES Garde-côtes. | NOMBRE d'hommes de chaque Compagnie détachée. | NOMS desdites COMPAGNIES. | LIEUX d'assemblée desdites COMPAGNIES. |
|---|---|---|---|
| Fontaine-la-Malet.<br>Bleville.<br>Sainte-Adresse. | 80 | Fontaine-la-Malet | FONTAINE-LA-MALET. |
| Épouville.<br>Porte-à-Fiquet.<br>Saint-Germain.<br>Rouelles. | 80 | Épouville | ÉPOUVILLE. |
| Octeville. | 80 | Octeville | OCTEVILLE. |
| Saint-Barthélemy.<br>Partie d'Octeville.<br>Raimbertot.<br>Saint-Suplix.<br>Canville.<br>Sanvic.<br>Fontenai. | 80 | Saint-Barthélemi. | SAINT-BARTHÉLEMY. |
| Mannevillette.<br>Saint-Martin-du-Bec.<br>Notre-Dame-du-Bec.<br>Rolleville. | 80 | Mannevillette. | MANNEVILLETTE. |

*La Capitainerie du HAVRE s'assemblera à OCTEVILLE.*

235.

16. février 1758.



| LIEUX ET PAROISSES Garde-côtes. | NOMBRE d'hommes de chaque Compagnie détachée. | NOMS desdites COMPAGNIES. | LIEUX d'assemblée desdites COMPAGNIES. |
|---|---|---|---|
| *Capitainerie de SEINE.* | | | |
| La Serlangue. La Ramné. Saint-Jean d'Aptot. Saint-Vigor. Saint-Vincent-d'Aubermare. | 80 | La Serlangue | LA SERLANGUE. |
| Saint-Romain. Loiseliers. Épretot. Gomerville. Pretot. Les Trois-pierres. Saint-Michel. Cramenil. Grosmenil. | 80 | Saint-Romain | SAINT-ROMAIN. |
| Routot. Sandouville. Oudalles. Beaucamp. Saint-Aubin. Rogerville. Guesneville. Gonfreville. Colleville, hameaux, ou fauxbourg de Harfleur. | 80 | Routot | ROUTOT. |
| Gournai. Saint-Laurent. Saint-Martin-du-Manoir. Sainte-Croix. Senneville. Maneglise. Étainhus. | 80 | Gournay | GOURNAY. |
| Ingoville. Graville. Porte-de-l'Heure. Grand & petit Heure. | 80 | Ingoville | INGOVILLE. |

*La Capitainerie de SEINE s'assemblera à GUESNEVILLE.*

## I V.

## *Département & inspection moyenne de Normandie.*

L'INSPECTION moyenne de Normandie sera composée des Capitaineries comprises depuis la rivière de Seine jusqu'à celle de Doures, & divisée en onze Capitaineries & en cinquante-trois compagnies détachées, suivant l'état ci-après.

SAVOIR,

| *Capitaineries.* | *Compagnies.* |
|---|---|
| ROQUE-DE-RILLE | 2. |
| HONFLEUR | 5. |
| TOUQUES | 5. |
| DIVES | 5. |
| CAEN | 5. |
| OYSTREHAM | 6. |
| BERNIÈRES | 5. |
| ASNELLES | 5. |
| PORT-EN-BESSIN | 6. |
| GRANDCAMP | 7. |
| BEUREVILLE | 2. |
| 11 Capitaineries. | 53 Compagnies. |

| LIEUX ET PAROISSES Garde-côtes. | NOMBRE d'hommes de chaque Compagnie détachée. | NOMS desdites COMPAGNIES. | LIEUX d'assemblée desdites COMPAGNIES. |
|---|---|---|---|

## *Capitainerie de* ROQUE-DE-RILLE.

| LIEUX ET PAROISSES Garde-côtes. | NOMBRE d'hommes de chaque Compagnie détachée. | NOMS desdites COMPAGNIES. | LIEUX d'assemblée desdites COMPAGNIES. |
|---|---|---|---|
| Bouquelon. Blacarville. Saint-Mars. Saint-Ouen-des-champs. Saint-Urien. Saint-Samson. Le Marais-Vernier. La Rocque. | 80 | Bouquelon | BOUQUELON. |
| Trouville. Saint-Aubin. Sainte-Opportune. Aizier. Le Vieux-port. Sainte-Croix. Tocqueville. Littetot. Fourmetot. | 80 | Trouville | TROUVILLE. |

***La Capitainerie de* ROQUE-DE-RILLE *s'assemblera à* LA ROQUE *sur le camp des Anglois.***

| LIEUX ET PAROISSES Garde-côtes. | NOMBRE d'hommes de chaque Compagnie détachée. | NOMS desdites COMPAGNIES. | LIEUX d'assemblée desdites COMPAGNIES. |
|---|---|---|---|
| *Capitainerie de* HONFLEUR. | | | |
| Gonneville. Tonnetuit. Saint-Martin-le-vieux. Crémanville. Ablon. Ableville. | 80 | Gonneville | GONNEVILLE. |
| Manneville. Quietteville. | 80 | Manneville | MANNEVILLE. |
| Fatouville. Équaimville. Notre-Dame-du-Val. | 80 | Fatouville | FATOUVILLE. |
| Conteville. Berville. Carbec-gretin. Fiquefleur. | 80 | Conteville | CONTEVILLE. |
| Foullebec. Saint-Pierre-Duchâtel. | 80 | Foullebec | FOULLEBEC. |

*La Capitainerie de* HONFLEUR *s'assemblera à* FIQUEFLEUR.

Capitainerie

15. Fevrier 1758 237



| LIEUX ET PAROISSES Garde-côtes. | NOMBRE d'hommes de chaque Compagnie détachée. | NOMS desdites COMPAGNIES. | LIEUX d'assemblée desdites COMPAGNIES. |
|---|---|---|---|
| *Capitainerie de* TOUQUES. | | | |
| Benerville.<br>Tourjeville.<br>Glanville.<br>Diouville.<br>Saint-Hernon.<br>Saint-Cloud. | 80..... | Tourjeville..... | TOURJEVILLE. |
| Beaumont.<br>Roucheville.<br>Saint-Melaigne.<br>Le Coudré.<br>Saint-Étienne.<br>Derubecq.<br>Rabut. | 80..... | Beaumont...... | BEAUMONT. |
| Touques.<br>Trouville.<br>Bonneville.<br>Hancqueville.<br>Dauboeuf.<br>Saint-Martin.<br>Canaqueville. | 80..... | Touques....... | TOUQUES. |
| Saint-Gratien.<br>Villerville.<br>Anglequeville.<br>Criqueboeuf.<br>Fourneville.<br>Tourville. | 80..... | Saint-Gratien... | SAINT-GRATIEN. |
| Barneville.<br>Pancdepic.<br>Gonneville.<br>Vazony.<br>Équemoville.<br>Le Teil. | 80..... | Barneville...... | BARNEVILLE. |

*La Capitainerie de* TOUQUES *s'assemblera à* TOUQUES.

| LIEUX ET PAROISSES Garde-côtes. | NOMBRE d'hommes de chaque Compagnie détachée. | NOMS desdites COMPAGNIES. | LIEUX d'assemblée desdites COMPAGNIES. |
|---|---|---|---|
| *Capitainerie de DIVE.* | | | |
| Dive. Troussauville. Beuzeval. Periers. Brucourt. Grangue. | 80 | Dive | DIVE. |
| Dosulé. Saint-Clair. Criqueville. Angoville. Saint-Léger. Caudemuche. Cresveule. | 80 | Dosulé | DOSULÉ. |
| Gonneville. Auberville. Douville. Heuland. Angerville. | 80 | Gonneville | GONNEVILLE. |
| Branville. Bourgeauville. Annebos. La Chapelle. Dannetal. | 80 | Branville | BRANVILLE. |
| Villers. Blouville. Saint-Vast. Saint-Pierre à Fif. Vauville. | 80 | Villers | VILLERS. |

*La Capitainerie de DIVE s'assemblera à la lande d'AUBERVILLE.*

15. Février 1758.





| LIEUX ET PAROISSES Garde-côtes. | NOMBRE d'hommes de chaque Compagnie détachée. | NOMS desdites COMPAGNIES. | LIEUX d'assemblée desdites COMPAGNIES. |
|---|---|---|---|
| *Capitainerie de* CAEN. | | | |
| Toufreville. Trouard. Sannerville. Lyrose. Giberville. | 80 | Toufreville | TOUFREVILLE. |
| Herouvillette. Cuverville. Collombelles. Ranville. | 80 | Herouvillette | HEROUVILLETTE. |
| Bavent. Escoville. Bures. | 80 | Bavent | BAVENT. |
| Amfreville. Sallenelle. Breville. Le Bisson. Gonneville. | 80 | Amfreville | AMFREVILLE. |
| Merville. Varaville. Robehomme. Petiville. Cabourg. | 80 | Merville | MERVILLE. |

*La Capitainerie de* CAEN *s'assemblera au moulin de* SALLENELLE.

| LIEUX ET PAROISSES Garde-côtes. | NOMBRE d'hommes de chaque Compagnie détachée. | NOMS desdites COMPAGNIES. | LIEUX d'assemblée desdites COMPAGNIES. |
|---|---|---|---|

## *Capitainerie d'OYSTREHAM.*

| LIEUX ET PAROISSES Garde-côtes. | NOMBRE d'hommes de chaque Compagnie détachée. | NOMS desdites COMPAGNIES. | LIEUX d'assemblée desdites COMPAGNIES. |
|---|---|---|---|
| Douvre.<br>Luc. | 80 | Douvre | DOUVRE. |
| Mathieu.<br>Periers.<br>Saint-Urſin-d'Eſperon. | 80 | Mathieu | MATHIEU. |
| Beuville.<br>Bieville.<br>Herouville. | 80 | Beuville | BEUVILLE. |
| Lion.<br>Creſſerons.<br>Plumetot. | 80 | Lion | LION. |
| Colleville.<br>Hermanville. | 80 | Colleville | COLLEVILLE. |
| Oyſtreham.<br>Saint-Aubin, dit Arquenay.<br>Benouville.<br>Blainville. | 80 | Oyſtreham | OYSTREHAM. |

*La Capitainerie d'OYSTREHAM s'aſſemblera à LION.*

15. fevrier 1758 239.



| LIEUX ET PAROISSES Garde-côtes. | NOMBRE d'hommes de chaque Compagnie détachée. | NOMS desdites COMPAGNIES. | LIEUX d'assemblée desdites COMPAGNIES. |
|---|---|---|---|
| *Capitainerie de* BERNIÈRES. | | | |
| Creully | 80 | Creully | CREULLY. |
| Lantheil. | | | |
| Cainet. | | | |
| Amblie. | | | |
| Beny. | 80 | Beny | BENY. |
| Courseulles. | | | |
| Reviers. | | | |
| Le Fresne. | 80 | Le Fresne | LE FRESNE. |
| Pierrepont. | | | |
| Fontaine-Henry. | | | |
| Moulineaux. | | | |
| Than. | | | |
| Colomby. | | | |
| Cairon. | 80 | Cairon | CAIRON. |
| Cambes. | | | |
| Villons. | | | |
| Anisy. | | | |
| Anguerny. | | | |
| Langrune. | 80 | Langrune | LANGRUNE. |
| Bernières. | | | |
| Basly. | | | |

*La Capitainerie de* BERNIÈRES *s'assemblera à* BASLY.

| LIEUX ET PAROISSES Garde-côtes. | NOMBRE d'hommes de chaque Compagnie détachée. | NOMS desdites COMPAGNIES. | LIEUX d'assemblée desdites COMPAGNIES. |
|---|---|---|---|
| *Capitainerie d'ASNELLES.* | | | |
| Manvieux. Fontenaille. Tracy. Vaux-sur-Aure. Saint-Vigor-le-grand. Saint-Germain de la Lieue. | 80 | Manvieux | MANVIEUX. |
| Aromanche. Fresné-sur-mer. Rye. Magny. Saint-Sulpice. Fommervieux. | 80 | Aromanche | AROMANCHE. |
| Asnelles. Meuvaine. Le Manoir. Vienne. Esquay. Vaussieux. Rucqueville. | 80 | Asnelles | ASNELLES. |
| Ver. Crepon. Bazenville. Saint-Gabriel. Frené-le-Croteur. Brecy. | 80 | Ver | VER. |
| Gray. Bauville. Sainte-Croix. Villiers-le-Sec. Tierreville. Coulombis. | 80 | Gray | GRAY. |

*La Capitainerie d'ASNELLES s'assemblera à BAZENVILLE.*

| LIEUX ET PAROISSES Garde-côtes. | NOMBRE d'hommes de chaque Compagnie détachée. | NOMS desdites COMPAGNIES. | LIEUX d'assemblée desdites COMPAGNIES. |
|---|---|---|---|

## *Capitainerie de PORT-EN-BESSIN.*

| LIEUX ET PAROISSES | NOMBRE | NOMS | LIEUX |
|---|---|---|---|
| Surrain.<br>Saint-Laurent-sur-mer.<br>Colleville.<br>Houtteville.<br>Formigny.<br>Engranville. | 80 | Surrain | SURRAIN. |
| Mandeville.<br>Trevières.<br>Rubercy. | 80 | Mandeville | MANDEVILLE. |
| Cussy.<br>Cottan.<br>Barbeville.<br>Vaucelles.<br>Sully.<br>Tour. | 80 | Cussy | CUSSY. |
| Russy.<br>Estreham.<br>Mosles.<br>Tessy.<br>Argouges-sous-Mosles.<br>Sainte-Honorine-des-Pertes. | 80 | Russy | RUSSY. |
| Blay.<br>Crouay.<br>Saon. | 80 | Blay | BLAY. |
| Port.<br>Commes.<br>Hupain.<br>Villiers-sur-Port.<br>Neufville.<br>Maisons.<br>Herils.<br>Argouges-sur-Aure.<br>Marigny.<br>Longues. | 80 | Commes | COMMES. |

*La Capitainerie de PORT-EN-BESSIN s'assemblera à RUSSY.*

| LIEUX ET PAROISSES Garde-côtes. | NOMBRE d'hommes de chaque Compagnie détachée. | NOMS desdites COMPAGNIES. | LIEUX d'assemblée desdites COMPAGNIES. |
|---|---|---|---|

## *Capitainerie de* GRANDCAMP.

| LIEUX ET PAROISSES Garde-côtes. | NOMBRE | NOMS | LIEUX |
|---|---|---|---|
| Castilly. Lizon. Maistry. | 80. | Castilly | CASTILLY. |
| Montfreville. Vouilly. Les Oubeaux. Neuilly. | 80. | Montfreville | MONTFREVILLE. |
| Isigny. Saint-Clément. Les Hameaux d'Isigny. Osmanville. Cardouville. | 80. | Isigny | ISIGNY. |
| Letanville. Fontenay. Gefosse. Maisy. Grandcamp. Criqueville. | 80. | Letanville | LETANVILLE. |
| Deux-Jumeaux. Longueville. Cauchy. Asnières. | 80. | Deux-Jumeaux | DEUX-JUMEAUX |
| Englesqueville. Beaumont. Vierville. Louvières. Écrameville. Saint-Pierre-du-Mont. Veret. | 80. | Englesqueville | ENGLESQUEVILLE. |
| La Cambe. Agnerville. Saint-Germain-du-Pert. | 80. | La Cambe | LA CAMBE. |

*La Capitainerie de* GRANDCAMP *s'assemblera à la lande de* CRIQUEVILLE.

*Capitainerie*

| LIEUX ET PAROISSES Garde-côtes. | NOMBRE d'hommes de chaque Compagnie détachée. | NOMS desdites COMPAGNIES. | LIEUX d'assemblée desdites COMPAGNIES. |
|---|---|---|---|

## Capitainerie de BEUZEVILLE.

| | | | |
|---|---|---|---|
| Cats. Saint-Hilaire. Brevand. Beuzeville-sur-le-Vay. Auville. | 80 | Cats | CATS. |
| Saint-Pellerin. Montmartin. | 80 | Saint-Pellerin | SAINT-PELLERIN. |

*La Capitainerie de* BEUZEVILLE *s'assemblera à* BEUZEVILLE *pour une compagnie, & à* BREVAND *pour l'autre.*

V.

## *Département & inspection de la basse Normandie.*

Le département de la basse Normandie sera composé des Capitaineries comprises depuis la rivière de Douves jusqu'à la frontière de Bretagne, & divisé en douze Capitaineries & en soixante-dix-sept compagnies détachées, suivant l'état ci-après.

SAVOIR,

| *Capitaineries.* | *Compagnies.* |
|---|---|
| Cotentin | 7. |
| La Hougue | 6. |
| Barfleur | 6. |
| Val de Saire | 6. |
| Cherbourg | 8. |
| La Hague | 8. |
| Portbail | 8. |
| Creances | 5. |
| Regneville | 6. |
| Grandville | 5. |
| Avranches | 6. |
| Pontorson | 6. |
| 12 Capitaineries. | 77 Compagnies. |

*15. fevrier 1758.*



262.

| LIEUX ET PAROISSES Garde-côtes. | NOMBRE d'hommes de chaque Compagnie détachée. | NOMS desdites COMPAGNIES. | LIEUX d'assemblée desdites COMPAGNIES. |
|---|---|---|---|
| *Capitainerie du COTENTIN.* | | | |
| Quineville.<br>Fontenay. | 80 | Quineville | QUINEVILLE. |
| Esmondeville.<br>Neuville.<br>Azeville. | 80 | Esmondeville | ESMONDEVILLE. |
| Saint-Marcouf.<br>Ravenoville.<br>Foucarville.<br>Beuzeville-au-plain. | 80 | Saint-Marcouf | SAINT-MARCOUF. |
| Sainte-Mère-Église.<br>Escoquemeauville.<br>Sebeville | 80 | S.te Mère-Église | SAINTE-MÈRE-ÉGLISE |
| Saint-Martin-de-Varreville.<br>Saint-Germain-de-Varreville.<br>Turqueville.<br>Audouville.<br>Boutteville. | 80 | S.t Martin de Varreville. | S. MARTIN-DE-VARREVILLE. |
| Sainte-Marie-du-Mont.<br>Brucheville.<br>Vierville.<br>Hieville. | 80 | S.te Marie-du-Mont. | S.te MARIE-DU-MONT. |
| Saint-Côme-du-Mont.<br>Blosville.<br>Houesville.<br>Angoville-au-plain. | 80 | S.t Côme-du-Mont. | S.t COSME-DU-MONT. |

*La Capitainerie du COTENTIN s'assemblera à RAVENOVILLE.*

| LIEUX ET PAROISSES Garde-côtes. | NOMBRE d'hommes de chaque Compagnie détachée. | NOMS desdites COMPAGNIES. | LIEUX d'assemblée desdites COMPAGNIES. |
|---|---|---|---|

## *Capitainerie de la* HOUGUE.

| | | | |
|---|---|---|---|
| Saint-Germain-de-Tournebu.<br>Montaigu. . . . . . . . . . . .<br>Huberville. . . . . . . . . . . | 80. . . . . | Saint-Germain. . | S.[t] GERMAIN. |
| Quettehou. . . . . . . . . . . .<br>Saint-Vaast. . . . . . . . . . .<br>Rideauville. . . . . . . . . . .<br>Morsalines. . . . . . . . . . . .<br>Greneville. . . . . . . . . . . .<br>Craville. . . . . . . . . . . . | 80. . . . . | Quettehou . . . . . | QUETTEHOU. |
| Aumeville. . . . . . . . . . . .<br>Englesqueville-l'Estre . . . . .<br>Octeville-l'Advenel. . . . . . .<br>Saint-Martin-d'Audouville. .<br>Sainte-Marie-d'Audouville. . | 80. . . . . | Aumeville. . . . . . | AUMEVILLE. |
| Theurteville-au-Bocage. . . .<br>Lapernelle . . . . . . . . . . .<br>Videcoville. . . . . . . . . . .<br>Sainte-Croix-au-Bocage. . . . | 80. . . . . | Theurteville. . . . | THEURTEVILLE. |
| Saint-Floxel. . . . . . . . . . .<br>Fresville. . . . . . . . . . . .<br>Écausseville. . . . . . . . . . .<br>Joganville. . . . . . . . . . . .<br>Heroudeville. . . . . . . . . . .<br>Ozeville. . . . . . . . . . . . .<br>Tourville. . . . . . . . . . . . | 80. . . . . | Saint-Floxel. . . . | SAINT-FLOXEL. |
| Montebourg. . . . . . . . . . .<br>Vaudreville. . . . . . . . . . .<br>Haut-Motier. . . . . . . . . . . | 80. . . . . | Montebourg . . . . | MONTEBOURG. |

*La Capitainerie de la* HOUGUE *s'assemblera à la* BERGERIE.

| LIEUX ET PAROISSES Garde-côtes. | NOMBRE d'hommes de chaque Compagnie détachée. | NOMS desdites COMPAGNIES. | LIEUX d'assemblée desdites COMPAGNIES. |
|---|---|---|---|

### *Capitainerie de* BARFLEUR.

| | | | |
|---|---|---|---|
| Neeville.<br>Gatteville. | 80 | Gatteville | GATTEVILLE. |
| Toqueville.<br>Gouberville.<br>Sainte-Geneviève. | 80 | Toqueville | TOQUEVILLE. |
| Le Vast.<br>Cantelou. | 80 | Le Vast | LE VAST. |
| Barfleur.<br>Valcauville. | 80 | Barfleur | BARFLEUR. |
| Morfarville.<br>Anneville-en-Saire. | 80 | Morfarville | MORFARVILLE. |
| Reville.<br>Vicel. | 80 | Reville | REVILLE. |

*La Capitainerie de* BARFLEUR *s'assemblera à la lande de* VALCANVILLE.

| LIEUX ET PAROISSES Garde-côtes. | NOMBRE d'hommes de chaque Compagnie détachée. | NOMS desdites COMPAGNIES. | LIEUX d'assemblée desdites COMPAGNIES. |
|---|---|---|---|

## *Capitainerie de VAL-DE-SAIRE.*

| LIEUX ET PAROISSES Garde-côtes. | NOMBRE d'hommes de chaque Compagnie détachée. | NOMS desdites COMPAGNIES. | LIEUX d'assemblée desdites COMPAGNIES. |
|---|---|---|---|
| Tour-la-ville. | 80 | Tour-la-ville | TOUR-LA-VILLE. |
| Digoville. | 80 | Digoville | DIGOVILLE. |
| Bretteville. | | | |
| Maupertus. | | | |
| Le Mesnil-au-Val. | | | |
| Gonneville. | 80 | Gonneville | GONNEVILLE. |
| Le Theil. | | | |
| Fermanville. | 80 | Fermanville | FERMANVILLE. |
| Carneville. | | | |
| Theville. | | | |
| Coqueville. | 80 | Coqueville | COQUEVILLE. |
| Saint-Pierre-Églife. | | | |
| Varouville. | 80 | Varouville | VAROUVILLE. |
| Réthoville. | | | |
| Vraville. | | | |
| Angoville. | | | |
| Clitourp. | | | |
| Brillevast. | | | |

*La Capitainerie de VAL-DE-SAIRE s'assemblera à la lande de CARNEVILLE.*

15. Février 1758. 244.



| LIEUX ET PAROISSES Garde-côtes. | NOMBRE d'hommes de chaque Compagnie détachée. | NOMS desdites COMPAGNIES. | LIEUX d'assemblée desdites COMPAGNIES. |
|---|---|---|---|
| *Capitainerie de* CHERBOURG. | | | |
| Vauville. | 80 | Vauville | VAUVILLE. |
| Vasteville. | | | |
| Biville. | 80 | Biville | BIVILLE. |
| Teurteville à la Hague. | | | |
| Auderville. | 80 | Auderville | AUDERVILLE. |
| Jobourg. | | | |
| Saint-Germain-des-Vaux. | | | |
| Digulleville. | 80 | Digulleville | DIGULLEVILLE. |
| Saint-Martin-d'Omonville. | | | |
| Omonville-la-Roque. | | | |
| Éculleville. | | | |
| Herqueville. | | | |
| Greville. | 80 | Greville | GREVILLE. |
| Beaumont. | | | |
| Sainte-Croix à la Hague. | | | |
| Branville. | | | |
| Quierqueville. | 80 | Quierqueville | QUIERQUEVILLE. |
| Urville à la Hague. | | | |
| Nacqueville. | | | |
| Acqueville. | | | |
| Haineville. | 80 | Haineville | HAINEVILLE. |
| Flottemanville à la Hague. | | | |
| Tonneville. | | | |
| Équeurdreville. | | | |
| Octeville-sur-Cherbourg. | 80 | Octeville | OCTEVILLE. |
| Noinville. | | | |
| Sideville. | | | |
| Martinvast. | | | |
| Hardinvast. | | | |

*La Capitainerie de* CHERBOURG *s'assemblera à la hauteur de* GREVILLE.

| LIEUX ET PAROISSES Garde-côtes. | NOMBRE d'hommes de chaque Compagnie détachée. | NOMS desdites COMPAGNIES. | LIEUX d'assemblée desdites COMPAGNIES. |
|---|---|---|---|

## *Capitainerie de* LA HAGUE.

| LIEUX ET PAROISSES Garde-côtes. | NOMBRE d'hommes de chaque Compagnie détachée. | NOMS desdites COMPAGNIES. | LIEUX d'assemblée desdites COMPAGNIES. |
|---|---|---|---|
| Notre-Dame-d'Alonne.<br>Saint-Pierre-d'Alonne.<br>Saint-Pierre-d'Arteglise.<br>Senoville.<br>Surtainville. | 80 | Notre-Dame-d'Alonne. | NOTRE-DAME-D'ALONNE. |
| Baubigny.<br>Saint-Paul-des-Sablons.<br>Sortoville en Beaumont<br>Le Vretot.<br>Pierreville. | 80 | Baubigny | BAUBIGNY. |
| Rosel.<br>Saint-Germain-le-Gaillard. | 80 | Rosel | ROSEL. |
| Les Pieux.<br>Groville. | 80 | Les Pieux | LES PIEUX. |
| Flamanville. | 80 | Flamanville | FLAMANVILLE. |
| Treauville.<br>Benoiville. | 80 | Treauville | TREAUVILLE. |
| Helleville.<br>Sotteville.<br>Saint-Christophe-du-Faucq.<br>Virandeville. | 80 | Helleville | HELLEVILLE. |
| Scionville.<br>Heauville. | 80 | Scionville | SCIONVILLE. |

*La Capitainerie de* LA HAGUE *s'assemblera à la lande de* CAUDARE.

*Capitainerie*

15. Juin 1758.    245.



| LIEUX ET PAROISSES Garde-côtes. | NOMBRE d'hommes de chaque Compagnie détachée. | NOMS desdites COMPAGNIES. | LIEUX d'assemblée desdites COMPAGNIES. |
|---|---|---|---|

## *Capitainerie de* PORT-BAIL.

| LIEUX ET PAROISSES Garde-côtes. | NOMBRE d'hommes de chaque Compagnie détachée. | NOMS desdites COMPAGNIES. | LIEUX d'assemblée desdites COMPAGNIES. |
|---|---|---|---|
| Sainte-Opportune.<br>Angoville-Suray.<br>Montgardon. | 80. | S.te Opportune. | S.te OPPORTUNE. |
| Saint-Germain-Suray.<br>Bretteville-Suray.<br>Glatigny.<br>Neufmesnil.<br>Saint-Simphorien. | 80. | Saint-Germain. | S.t GERMAIN. |
| La Haye-du-Pui.<br>Velly.<br>Mobec. | 80. | La Haye-du-Pui. | LA HAYE-DU-PUI. |
| Saint-Remy-des-Landes.<br>Denneville.<br>Surville.<br>Baudreville.<br>Saint-Nicolas-de-Pierrepont. | 80. | Saint-Remy. | SAINT-REMY. |
| Doville.<br>Catteville.<br>Neufville-en-Beaumont.<br>Taillepied.<br>Bolleville.<br>Saint-Sauveur-de-Pierrepont. | 80. | Doville. | DOVILLE. |
| Gouey.<br>Saint-Lo-d'Ourville.<br>Omontville-la-Foliot.<br>Cauville. | 80. | Gouey. | GOUEY. |
| Portbail.<br>La haie d'Ectot.<br>Saint-George-de-la-rivière.<br>Saint-Jean-de-la-rivière.<br>Carteret.<br>Barneville. | 80. | Portbail. | PORTBAIL. |

| LIEUX ET PAROISSES Garde-côtes. | NOMBRE d'hommes de chaque Compagnie détachée. | NOMS desdites COMPAGNIES. | LIEUX d'assemblée desdites COMPAGNIES. |
|---|---|---|---|

*Suite de la Capitainerie de* PORT-BAIL.

| | | | |
|---|---|---|---|
| Fierville.<br>Besneville.<br>Saint-Maurice.<br>Saint-Martin-du-Mesnil. | 80 | Fierville | FIERVILLE. |

*La Capitainerie de* PORT-BAIL *s'assemblera à* PORT-BAIL.

*Capitainerie de* CREANCES.

| | | | |
|---|---|---|---|
| Saint-Malo-de-la-Lande.<br>Agon.<br>Heucqueville.<br>Tourville.<br>Le Homéel.<br>Linverville.<br>Blainville. | 80 | S.t Malo-de-la-Lande. | St. MALO-DE-LA-LANDE. |
| Geffosses.<br>Boisroger.<br>Gouville.<br>Montcarville.<br>Brainville. | 80 | Geffosses | GEFFOSSES. |
| Montsurvent.<br>La Vandelée.<br>Anctteville.<br>Servigny.<br>Gratot. | 80 | Montsurvent | MONTSURVENT. |
| Muneville-le-Bingard.<br>La Feuillie. | 80 | Muneville-le-Bingard. | MUNEVILLE-LE-BINGARD. |
| Creances.<br>Pirou.<br>Anneville. | 80 | Creances | CREANCES. |

*La Capitainerie de* CREANCES *s'assemblera à la lande du* BOIS ROGER.

certificats, d'être punis de quinze jours de prison, & de servir six

15. février 1758.

246.



| LIEUX ET PAROISSES Garde-côtes. | NOMBRE d'hommes de chaque Compagnie détachée. | NOMS desdites COMPAGNIES. | LIEUX d'assemblée desdites COMPAGNIES. |
|---|---|---|---|
| *Capitainerie de REGNEVILLE.* | | | |
| Muneville près la mer. Briqueville près la mer. Lingreville. | 80 | Muneville | MUNEVILLE. |
| Monchaton. Orval. | 80 | Monchaton | MONCHATON. |
| Montmartin. Annoville-Tourneville. Hauteville près la mer. Reneville. Grimouville. Urville. | 80 | Montmartin | MONTMARTIN. |
| Saint-Nicolas-de-Coutances. Briqueville-la-Blouette. | 80 | Saint-Nicolas | SAINT-NICOLAS. |
| Quettreville. Saint-Louet-sur-Sienne. Herenguerville. | 80 | Quetreville | QUETREVILLE. |
| Saucey. Coutrières. Saint-Pierre-de-Coutances. Hyenville. | 80 | Saucey | SAUCEY. |

*La Capitainerie de REGNEVILLE s'assemblera à MONTMARTIN.*

| LIEUX ET PAROISSES Garde-côtes. | NOMBRE d'hommes de chaque Compagnie détachée. | NOMS desdites COMPAGNIES. | LIEUX d'assemblée desdites COMPAGNIES. |
|---|---|---|---|

*Capitainerie de GRANDVILLE.*

| LIEUX ET PAROISSES Garde-côtes. | NOMBRE d'hommes de chaque Compagnie détachée. | NOMS desdites COMPAGNIES. | LIEUX d'assemblée desdites COMPAGNIES. |
|---|---|---|---|
| Saint-Pair.<br>Bouillon.<br>Saint-Urfin.<br>Saint Pierre-Langer.<br>Yquelon.<br>Donville. | 80..... | Saint-Pair..... | SAINT-PAIR. |
| Saint-Planchais.<br>Saint-Jean-des-Champs.<br>Saint-Aubin-des-Preaux.<br>Saint-Léger. | 80..... | Saint-Planchais.. | SAINT-PLANCHAIS. |
| Longueville.<br>Coudeville.<br>Hudimesnil. | 80..... | Longueville.... | LONGUEVILLE. |
| Saint-Martin-le-vieil.<br>Breville.<br>Saint-Nicolas-de-Grandville..<br>Anctoville.<br>Brehal. | 80..... | Saint-Martin.... | SAINT-MARTIN. |
| Chantelou.<br>Cezences.<br>Sainte-Marguerite. | 80..... | Chantelou..... | CHANTELOU. |

*La Capitainerie de GRANDVILLE s'assemblera à la lande de DOUVILLE.*

certificats, d'être punis de quinze jours de prison, & de servir six

15. fevrier 1758.

247.



| LIEUX ET PAROISSES Garde-côtes. | NOMBRE d'hommes de chaque Compagnie détachée. | NOMS desdites COMPAGNIES. | LIEUX d'assemblée desdites COMPAGNIES. |
|---|---|---|---|
| *Capitainerie d'AVRANCHES.* | | | |
| Le Val-Saint-Pair. | | | |
| Saint-Semir près Avranches. | 80 | Le Val Saint-Pair. | LE VAL SAINT-PAIR. |
| Saint-Martin-des-champs. | | | |
| Saint-Jean-de-la-Haise. | | | |
| Ponts-sous-Avranches. | 80 | S.t Jean de la haise. | SAINT-JEAN DE LA HAISE. |
| Lolif. | | | |
| Vains-Saint-Léonard. | 80 | Vains-Saint-Léonard. | VAINS-SAINT-LEONARD. |
| Marcé. | | | |
| Genest. | | | |
| Bacilly. | 80 | Genest. | GENEST. |
| Mont-Viron. | | | |
| Dragé. | | | |
| Ronthon. | 80 | Dragé. | DRAGÉ. |
| Champcé. | | | |
| Sartilly. | | | |
| Carolles. | | | |
| Champeaux. | | | |
| Saint-Jean-le-Thomas. | | | |
| Saint-Michel-des-loups. | 80 | Carolles. | CAROLLES. |
| Augé. | | | |
| La Rochelle. | | | |

*La Capitainerie d'AVRANCHES s'assemblera à GENEST.*

| LIEUX ET PAROISSES Garde-côtes. | NOMBRE d'hommes de chaque Compagnie détachée. | NOMS desdites COMPAGNIES. | LIEUX d'assemblée desdites COMPAGNIES. |
|---|---|---|---|
| *Capitainerie de* PONTORSON. | | | |
| Pontorson. Curé. Moidré. Macé. Cormeray. Tanies. Courtils. | 80 | Pontorson | PONTORSON. |
| Servon. Crollon. Juillé. Poillé. | 80 | Servon | SERVON. |
| Vessé. Argouges. Montanel. | 80 | Vessé | VESSÉ. |
| La Croix. Villiers. Vergoncé. Carnet. | 80 | La Croix | LA CROIX. |
| Pontaubault. Saint-Quentin. Precé. Ceaux. | 80 | Pontaubault | PONTAUBAULT. |
| Aucé. Saccy. Boucé. | 80 | Aucé | AUCÉ. |

*La Capitainerie de* PONTORSON *s'assemblera à la lande de* SERVON.

certificats, d'être punis de quinze jours de prison, & de servir six

15. février 1758.





## VI.

SA MAJESTÉ voulant qu'à la fin de chaque année le cinquième des compagnies détachées soit licencié, & cependant prévenir l'inconvénient qu'il y auroit de commencer ce licenciement avant l'année 1760, Elle entend qu'à la revûe générale qui se fera au mois de mars de ladite année, le premier cinquième de chacune desdites compagnies soit licencié, & les autres cinquièmes successivement d'année en année, dont les remplacemens se feront à mesure desdits licenciemens. Les Capitaines généraux enverront à l'Intendant du département, un état visé par l'Inspecteur général, des hommes qui devront être licenciés, en conséquence duquel ledit sieur Intendant donnera des congés aux Soldats Garde-côtes desdites compagnies qui seront licenciés. Entend Sa Majesté que toutes les plaintes qui pourroient survenir pour raison dudit licenciement, soient portées audit sieur Intendant, pour y être statué suivant l'exigence des cas.

## VII.

LES états des remplacemens nécessaires pour compléter les compagnies détachées qui ont été formées en 1756, seront constatés tous les ans dans le courant des mois de mars & d'avril, par une revûe qui sera faite par le Capitaine général, en présence de l'Inspecteur général, & ledit Capitaine général adressera lesdits états visés par l'Inspecteur à l'Intendant de la généralité, pour être ensuite procédé par ledit sieur Intendant, ou les subdélegués qu'il jugera à propos de commettre au remplacement.

## VIII.

L'INSPECTEUR général indiquera à l'avance au Capitaine général de la capitainerie, le jour qu'il aura fixé pour sa revûe, qu'il fera, autant qu'il sera possible, un jour de fête ou de dimanche; & ladite revûe sera aussi-tôt annoncée & publiée dans toutes les paroisses de la capitainerie, afin qu'aucun habitant n'en puisse prétendre cause d'ignorance.

IX.

Les remplacemens seront faits à la charge de la totalité des paroisses affectées à la composition de chaque compagnie détachée, sans qu'aucune autre paroisse des autres compagnies soit tenue d'y contribuer.

X.

Entend Sa Majesté qu'indépendamment de l'exemption du guet & garde sur la côte, attribuée par l'article XXII de l'ordonnance du 5 juin 1757, aux Syndics des paroisses & Collecteurs des tailles, la même exemption de service sur la côte soit accordée aux domestiques attachés à la personne des Gentilhommes, portant leur livrée ; & que toutes les contestations qui pourroient naître pour raison desdites exemptions, soient décidées par les Intendans de la province.

XI.

On choisira par préférence pour compléter les compagnies détachées, les garçons depuis l'âge de seize ans jusqu'à quarante-cinq, de la hauteur de cinq pieds au moins, & les plus propres au service ; & à défaut de garçons, les hommes mariés y seront employés jusqu'à l'âge de quarante-cinq ans.

XII.

Les Capitaines généraux, chacun dans leur capitainerie, se feront remettre à l'avance par les Capitaines des compagnies du guet, des rôles exacts & détaillés de tous les habitans des paroisses qui composent lesdites compagnies du guet, & les subdélegués dresseront pareillement les rôles des habitans desdites paroisses.

XIII.

Le Capitaine de chaque paroisse conduira au lieu d'assemblée, le jour indiqué par l'Inspecteur général, tous les habitans compris au rôle qui aura été remis au Capitaine général, sans qu'aucun desdits habitans puisse en être dispensé, si ce n'est dans le cas de maladie, que le Capitaine sera tenu alors de justifier par un certificat,

certificat, à peine contre les habitans qui auront fourni de faux certificats, d'être punis de quinze jours de priſon, & de ſervir ſix ans de plus dans la compagnie détachée où ils ſeront employés.

XIV.

Le Capitaine général du guet, & en ſon abſence, le Lieutenant, fera aſſembler toutes les compagnies du guet, & les formera ſur autant de rangs de hauteur qu'il y a de compagnies détachées; obſervant de mettre ces rangs à une diſtance raiſonnable les uns des autres, de façon qu'on puiſſe les parcourir & les voir librement.

XV.

Les hommes des compagnies du guet, qui auront été choiſis par l'Intendant ou ſon ſubdélegué, pour compléter les compagnies détachées, ſeront auſſi-tôt enregiſtrés & ſignalés par le Major ou l'Aide-major de la capitainerie, qui aura à cet effet un regiſtre pour y porter les noms, ſignalemens & demeures des habitans qui compoſent leſdites compagnies détachées, avec la date de leur entrée dans leſdites compagnies, afin d'y avoir recours lors du licenciement. Ledit ſieur Intendant aura également un contrôle général par paroiſſe & par ſignalement de toutes les compagnies détachées des capitaineries de ſon département.

XVI.

Veut Sa Majeſté que pour dédommager les Officiers de l'État-major des capitaineries Garde-côtes, des dépenſes qu'ils ſeront obligés de faire à l'occaſion de leur ſervice, il leur ſoit payé par année; ſavoir, à chacun des trois Inſpecteurs trois mille livres, aux Capitaines généraux des Capitaineries ſix cens livres, aux Majors quatre cens vingt livres, & aux Aides-majors trois cens ſoixante livres.

XVII.

Les compagnies détachées étant aſſemblées pour un ſervice extraordinaire pendant plus de quatre jours, ſeront payées à commencer du cinquième jour, ſur le pied de cinq livres par jour



Allemagne, & qui ont eu la permiſſion

au Capitaine général, quatre livres au Major, cinquante ſols à l'Aide-Major, trois livres au Capitaine, vingt-cinq ſols à chacun des deux Lieutenans, dix ſols à chacun des quatre Sergens, ſept ſols ſix deniers à chacun des quatre Caporaux, ſix ſols ſix deniers à chacun des quatre Anſpeſſades & des deux Tambours, & cinq ſols ſix deniers à chacun des ſoixante-ſix Fuſiliers.

XVIII.

SA MAJESTÉ ayant preſcrit par l'article XXXVI de ſon ordonnance du 5 juin 1757, l'uniforme des Milices Garde-côtes deſdites compagnies détachées, Elle entend qu'il ſoit fourni tous les ſix ans un juſte-au-corps & un chapeau uniforme à chaque Soldat deſdites compagnies détachées, par les ſoins & ſur les ordres de l'Intendant de chaque généralité, qui fera pourvoir à la dépenſe dudit habillement.

Défend expreſſément Sa Majeſté auxdits Soldats Garde-côtes, de ſe ſervir dudit habillement uniforme hors les temps où ils ſeront commandés pour le ſervice.

XIX.

IL ſera accordé ſix livres de gratification par an aux Sergens deſdites compagnies détachées qui auront inſtruit avec ſuccès les Soldats de leurs eſcouades, & une pareille gratification de ſix livres par an au Tambour-major de chaque capitainerie.

Il ſera auſſi payé trois livres par an à chaque Tambour pour l'entretien de ſa caiſſe.

XX.

LES états des appointemens des Officiers de l'État-major, réglés par l'article XVI ci-deſſus, & ceux de la ſolde des compagnies détachées, ainſi que de toutes les autres dépenſes relatives auxdites compagnies, qui ſe trouvent énoncées au préſent règlement, ſeront arrêtés par l'Intendant de chaque généralité, & payés par ceux qu'il commettra à cet effet, & leſdits états, enſemble les comptes des payemens qui auront été faits ſur iceux,

15. février 1758.





feront envoyés tous les ans par les Intendans de la province au Secrétaire d'État ayant le département de la marine.

XXI.

LES armes, poulverins & gibernes qui ont été fournis aux compagnies détachées, au lieu d'être déposés dans les magasins établis dans les lieux d'assemblée desdites compagnies détachées, resteront, pendant le temps de la guerre seulement, entre les mains des Soldats desdites compagnies, nonobstant ce qui est porté par l'article XXXIII de l'ordonnance du 5 juin 1757, à laquelle Sa Majesté a dérogé à cet égard; & pour la conservation desdites armes, il sera distribué à chaque Soldat Garde-côte desdites compagnies un tournevis & un tire-bourre dont il demeurera responsable, ainsi que du fusil, bayonnette, giberne, poulverin & munitions qui lui auront été délivrés. Il sera tenu d'avoir en tout temps dans sa giberne deux pierres de rechange & une pièce grasse.

XXII.

SUR ce qui a été représenté à Sa Majesté, que les Milices Garde-côtes des compagnies du guet, qui ne sont assujéties à aucun service en temps de paix, ne devoient être employées pendant le temps de la guerre qu'à monter la garde aux corps-de-garde qui leur sont désignés; Elle entend que nonobstant ce qui est porté par l'article XLIV de son ordonnance du 5 juin 1757, qui leur enjoint de se fournir eux-mêmes de fusils & munitions, les paroisses soient seulement tenues de pourvoir chacun desdits corps-de-garde qui leur sont affectés, du nombre de fusils nécessaires pour la garde ordinaire desdites compagnies du guet, & du même calibre que ceux des compagnies détachées, & qu'ils y soient entretenus pendant le temps de la guerre, ainsi que la poudre, les balles, pierres de rechange, tire-bourres & tournevis, proportionnément au nombre des Soldats desdites compagnies du guet, qui seront commandés pour le service, à chacun desdits corps-de-garde.

XXIII.

TOUS les fusils appartenans au Roi, seront marqués de la marque de chaque capitainerie, de celle de chaque compagnie, & d'un numéro depuis 1 jusqu'à 80 ; les caisses seront pareillement marquées & numérotées, ainsi que les équipemens.

XXIV.

LES Intendans, chacun dans leur généralité, feront désigner incessamment dans le village le plus à portée de la côte & du rendez-vous général de chaque capitainerie, une chambre où l'Officier de garde pourra se tenir pendant le temps de son service, & les bois, lumière & ustensiles nécessaires lui seront fournis de la même manière, & ainsi qu'il est réglé pour les corps-de-garde des Officiers des troupes de terre.

XXV.

TOUS les corps-de-garde seront pourvûs d'un ratelier pour y poser les armes, d'un lit de camp, d'une table, d'un banc, d'un fanal & d'un chandelier de fer, & les bois & lumière y seront fournis ainsi qu'il est d'usage pour les troupes de terre.

L'état desdites fournitures & ustensiles sera affiché dans le corps-de-garde, ils seront consignés à ceux qui releveront le poste; & en cas de dégradation, celui qui relevera le poste en donnera avis dans le jour à l'Officier de garde sur la côte, ou au Capitaine de la compagnie, qui fera passer au Capitaine général un état où sera spécifiée la nature de ladite dégradation, & les noms des Soldats qui étoient de garde pendant qu'elle a été faite, afin d'obliger les Soldats à la réparer à leurs frais.

XXVI.

VEUT Sa Majesté que les Milices Garde-côtes aient la liberté dans les temps ordinaires, de vaquer à leurs travaux & affaires particulières, sans qu'il puisse leur être imposé aucune contrainte, corvée ou service journalier par leurs Officiers, qui ne pourront les assembler qu'aux jours indiqués par les Inspecteurs généraux, pour les exercices & revûes, tant particulières que générales, ou sur les ordres du Commandant général de la Province, sans néanmoins que sous ce prétexte lesdites Milices Garde-côtes puissent manquer en aucun temps à la subordination dûe à leurs Officiers, à peine d'être punis suivant l'exigence des cas.

XXVII.

TOUS les Sergens, Caporaux, Anspessades, Fusiliers & Tambours des compagnies détachées, jouiront en temps de guerre seulement, de l'exemption de la corvée pour la construction & la réparation des grands chemins; bien entendu que ladite exemption n'aura lieu que pour leur personne, & non pour leurs chevaux, lesquels néanmoins ne pourront être commandés les jours que le Milicien Garde-côte détaché sera de service, se trouvant alors hors d'état de les conduire lui-même.

XXVIII.

LES Lieutenans des compagnies détachées & le Lieutenant général des compagnies du guet, jouiront des mêmes priviléges & exemptions portées par l'article XII de l'ordonnance du 5 juin 1757.

XXIX.

TOUT Aide-major commandera tous les Lieutenans, & ne pourra avoir rang & commission de Capitaine qu'après deux ans d'exercice d'Aide-major, conformément à l'article VI de l'ordonnance du 5 juin 1757.

XXX.

A l'égard des cas qui n'ont point été prévûs dans les dispositions portées par le règlement du 2 mai 1712, par rapport aux jugemens à rendre pour les crimes & délits militaires qui seront commis par les Garde-côtes, & qui ne se trouvent point également dans l'ordonnance du 5 juin 1757; l'intention de Sa Majesté est que le Conseil de guerre se conforme à son ordonnance sur les crimes & délits militaires pour les troupes de terre; défendant cependant à tous les Officiers assemblés pour juger lesdits crimes & délits commis par les Garde-côtes, de faire exécuter les jugemens qu'ils rendront, qu'après en avoir reçû l'ordre de Sa Majesté par le Secrétaire d'État ayant le département de la Marine, auquel lesdits jugemens seront envoyés.

XXXI.

VEUT au surplus Sa Majesté que ses précédentes ordonnances & règlemens concernant la Garde-côte, soient exécutés selon leur forme & teneur en tout ce qui n'est pas contraire au présent règlement.

MANDE & ordonne Sa Majesté à Monf. le Duc de Penthièvre, Amiral de France, aux Gouverneur & Commandans généraux en la province de Normandie, aux Intendans & Commissaires départis dans ladite province, aux Inspecteurs & Capitaines généraux des capitaineries Garde-côtes, & à tous autres Officiers qu'il appartiendra, de tenir la main, chacun en ce qui le regarde, à l'exécution du présent règlement, lequel sera lû, publié & affiché par-tout ou besoin sera. FAIT à Versailles le quinze février mil sept cent cinquante-huit. *Signé* LOUIS. *Et plus bas,* PEIRENC DE MORAS.

## *LE DUC DE PENTHIÉVRE, Amiral de France.*

VÛ le Règlement du Roi ci-dessus, & des autres parts, à nous adressé : MANDONS à tous ceux sur qui notre pouvoir s'étend, de le faire exécuter suivant sa forme & teneur. Ordonnons aux Officiers d'Amirauté de le faire lire, publier & afficher

15. février 1758. 252.



par-tout où besoin sera, en la manière accoûtumée. FAIT à Puteaux le dix-sept février mil sept cent cinquante-huit. *Signé* L. J. M. DE BOURBON. *Et plus bas*, Par Son Altesse Sérénissime. *Signé* DE GRANDBOURG.

POUR LE ROI. { *Collationné aux originaux par nous Écuyer, Conseiller-Secrétaire du Roi, Maison, Couronne de France, & de ses finances.*

A PARIS,
DE L'IMPRIMERIE ROYALE.

M. DCCLVIII.

www.ingramcontent.com/pod-product-compliance
Ingram Content Group UK Ltd.
Pitfield, Milton Keynes, MK11 3LW, UK
UKHW020451180726
13839UKWH00004B/1769

9 782329 329598